¿Cómo quiero ir?

Conciencia plena

AF365288

Grupo Anjos de Luz ®

¿Cómo quiero ir?

Conciencia plena

Serie: Mensajes de Luz para su día

Volumen 4

1ª Edición

Belo Horizonte
Grupo Anjos de Luz ®
2021

© 2019 por Grupo Anjos de Luz ®

Título original: Como quero ir? - Consciência plena

Canalizadores: Agni Melo | Alice Sena | Carol Castro | Elizabeth Palomero
Janaína Cunha | Kaká Andrade | Lívia de Aquino | Luiz Eduardo
Melo | Maria Alice Capanema | Nayara Godoi | Rita Pereira
Sarah Melo | Valdir Barbosa | Viviane de Aquino

Design gráfico y editorial: Alice Sena

Revisión: Agni Melo | Elizabeth Palomero | Kaká Andrade
Nair Pôssas Guimarães | Rita Pereira

Traducción: Celia Bueno

¡Está prohibida la reproducción!

Ninguna parte de esta obra podrá ser reproducida, copiada, transcrita o incluso transmitida por medios
electrónicos o grabaciones, así como traducida, sin el permiso, por escrito, del autor.

C735

    ¿Cómo quiero ir? - Conciencia plena / Agni Melo, Alice Sena, Carol Castro,
Elizabeth Palomero, Janaína Cunha, Kaká Andrade, Lívia de Aquino, Luiz Eduardo
Melo, Maria Alice Capanema, Nayara Godoi, Rita Pereira, Sarah Melo, Valdir Barbosa,
Viviane de Aquino (canalizadores). Belo Horizonte: Grupo Anjos de Luz, 2019.
    52p. - (Mensajes de Luz para su día ; v.4)

    ISBN 978-65-80152-20-9

    1. Espiritismo 2. Psicografía 3. Parapsicologia 4. Ocultismo I. Melo, Agni
II. Sena, Alice III. Castro, Carol IV. Palomero, Elizabeth V. Cunha, Janaína VI.
Andrade, Kaká VII. Aquino, Lívia de VIII. Melo, Luiz Eduardo IX. Capanema, Maria
Alice X. Godoi, Nayara XI. Pereira, Rita XII. Melo, Sarah XII. Barbosa, Valdir XIV.
Aquino, Viviane de. XV. Título XVI. Série.

CDD 133.9
CDU 133.7

Sumario

Presentación y agradecimientos

El alcance de la conciencia plena es necesario para que volvamos a encontrar nuestra Pura Esencia Divina, y podamos caminar cimentados en la luz y en el amor de Jesús Cristo, de manera clara y consciente.

El cuarto volumen de la Serie **Mensajes de Luz para su día** viene para mostrar <u>¿Cómo quiero ir?</u>, al encuentro de la conciencia plena, para que alcancemos la comprensión acerca de la práctica de las lecciones de Jesús Cristo en cuanto al Camino, a la Verdad y a la Vida.

El <u>Despertar de la conciencia</u> acerca de <u>¿Quién Soy?</u>, iniciado con la lectura del primer volumen, es campo fértil para que el autoconocimiento espiritual posibilite a usted un caminar más templado , de manera que la Verdad Divina se convierta parte de usted y de toda la materia a su alrededor, permitiéndole tener una vida plena.

Ya el segundo volumen trajo aclaraciones acerca de <u>¿Qué estoy haciendo aquí?</u> en el planeta Tierra, siendo un estímulo en la búsqueda permanente por comprensión acerca de sí mismo y de la práctica de las lecciones de Jesús Cristo en cuanto al Camino, a la Verdad y a la Vida.

El tercer volumen trajo orientaciones para la descubierta acerca de <u>¿Para adónde quiero ir?</u>, para estimularlo(a) a buscar de manera permanente la comprensión acerca de sí mismo, la importancia de la práctica de las lecciones de amor dejadas por Jesús Cristo, para que su caminata sea de Luz.

Los mensajes de este libro están directamente relacionados a aquellos que están contenidos en el primer, segundo y tercer volúmenes de la Serie y que, cuando comprendidas, posibilitarán el hallazgo del camino de cómo encontrar su Pura Esencia en perfecta sintonía con la Justicia Divina.

En este libro, usted encontrará mensajes de los instructores del planeta Tierra, mensajes de los Maestros de la Gran Fraternidad Blanca y del Equipo Médico Espiritual, informaciones acerca de la Jerarquía Espiritual Divina y del Equipo Médico del Grande Corazón de Astheriãn, conocimientos acerca de los Siete Rayos y sus respectivos Mantras, Decretos, Arcángeles y Equipo Angélica.

Agradecemos a la Espiritualidad de Luz, que, generosamente, nos ha enviado mensajes de puro amor incondicional y nos mostró cómo alcanzar el despertar de la conciencia plena.

¡Ha sido muy bueno volver a encontrarlo(a) en esta caminata de aprendizaje y amor!

Introducción

¿Cómo quiero ir?
Conciencia plena

Después de encontrarse y familiarizarse con su Soy Divino en nuestra primera obra, de determinar su camino a recorrer en la busca de sí mismo en el segundo libro, y de ser estimulado a practicar el bien y a ejercitar diariamente el autoconocimiento a lo largo de esta jornada en el libro tres, es hora de coronar este ciclo de sabiduría y de hallazgos personales con el cuarto libro, ¿Cómo quiero ir? - Conciencia plena.

En esta obra, usted comprenderá que la jornada de autorreflexión en busca de la vivencia del amor incondicional, aunque en diversos momentos se muestre difícil y desafiadora, traerá resultados positivos y gratificantes cuando trazados con cariño y ejercidos con gracia.

A lo largo del libro, son encontrados mensajes de cada uno de los Maestros Ascencionados de los Siete Rayos de Luz, acompañados de sus Mantras, además de mensajes de los Médicos del Equipo Médico del Grande Corazón de Astheriãn, de la Gran Fraternidad Blanca y de los Instructores del Mundo, con el objeto de ayudarle a comprender la importancia de la caminata rumbo a la conciencia plena.

Estos mensajes, cuando leídos y sumados a las percepciones y conocimientos obtenidos en los tres primeros libros, dejan clara la responsabilidad de esta jornada, pues exige de usted una de las tareas más arduas, que es cimentar un compromiso diario de estudio, oración y aprendizaje consigo mismo.

Estamos felices de volver a encontrarlos(as) en más esa etapa y esperamos que, al final de esta lectura, usted esté empeñado en proseguir su caminata en la luz.

Jerarquía Espiritual Divina

La Jerarquía Espiritual Divina es la energía de la más pura Esencia Divina, una de las más altas escalas vibracionales, a saber:

- **Consejo de los 21 Orishas Planetarios -** Fija la justicia y la solución de los problemas junto a las respectivas jerarquías y falanges de los Orishas (seres iluminados de la naturaleza), para todas las realidades de la línea del tiempo y dimensional que sean necesarias;
- **Punto Base -** Es compuesto por Seres de Luz, integrantes del Consejo de Amparadores, responsables por el comando de diversas falanges que actúan en el rescate de las almas desencarnadas y perdidas en distintos niveles del umbral;
- **Punto Verde -** Es compuesto por Seres de Luz, integrantes del Consejo de Amparadores, entidades conectas al plan astral elevado, que actúan como Amparadores de Curación;
- **Grupo Ascenso -** Es compuesto por todo el Equipo Médico Espiritual del Grande Corazón de Astheriã, que trabajan incansablemente propiciando y fortaleciendo el entendimiento para la curación del alma;
- **144 Chohans de los 144 Rayos de Alfa & Omega -** Cada Chohan representa la responsabilidad de un Director para la irradiación y para los trabajos de Rescate del alma de la humanidad y de otros Reinos, dispersando de cada uno de los Rayos manifestaciones electromagnéticas procedentes del Grande Sol Central Alfa & Omega, representado por el sistema estelar de Sirion. Ese sistema de Luz Trina representa el foco de dispersión de la conciencia Crística del Orden de los Kumaras y Amado Lord Arcángel Miguel Kumara, nuestro Logo Estelar, de sustentación de Sirion;
- **144 Arcángeles, Elohínes, Serafines, y Querubines -** Cada rayo posee las respectivas Jerarquías de Arcángeles, Elohínes, Serafines y Querubines, como dispersores y controladores de las energías evolutivas, necesarias para la evolución del alma y de todos los elementos del universo, en conexión con la conciencia cósmica del creador y de los sustentadores del Plan Divino;
- **Las 72 Orbes Angelicales y Cabalísticas -** Hay una relación entre cada día del año y los 72 Ángeles de la Cábala. Por lo tanto, cada uno de nosotros está, según el concepto de la Cábala y de las Matemáticas Sagradas, bajo la protección de uno de los 72 Nombres de Dios. El ángel guardián es el Director de la vida del hombre, a quien comunica la Luz Divina y lo eleva a su Creador;

- **Maestros del Consejo Kármico** - El Consejo Kármico se compone por ocho Maestros Ascensos responsables por ministrar la justicia, el orden y la organización divina en el planeta Tierra;
- **Maestros del Consejo de Amparadores** - El Consejo de Amparadores se compone por Maestros Ascensos, Equipo Médico Espiritual, espíritus paramédicos y protectores de alto grado evolutivo y vibracional que trabajan para el rescate, acogimiento y el amparo de los espíritus desencarnados, ayudándolos en su proceso evolutivo;
- **Maestros del Consejo Evolutivo** - El Consejo Evolutivo se compone por Maestros Ascencionados, ya en total comunión con la Conciencia Crística Estelar, efectuando una lectura conciente del Registro Akásico de cada alma que llega al Consejo. Ellos tienen el poder de dirigir los designios de la evolución, amor y perdón y todos los procesos necesarios para el despertar del alma. Son los sustentadores del Consejo Kármico en diversos mundos, sintonizándose con la Gran Operación de Rescate, en acción en la Tierra hace milenios, en diversos niveles de conciencia. Trabajan la ley de la Misericordia, la transmutación kármica y la limpieza de todas las almas a ser tratadas;
- **Ancianos de los Días** - Representan una instancia superior dentro del propio Consejo Kármico, con el poder de interactuar con todas las realidades paralelas del Yo Soy y del Grupo Monádico al cual cada uno pertenece, interfiriendo en situaciones muy complejas, donde diversas realidades paralelas hacen intercambio y causan cambios en la realidad terrena en busca de la Curación de todas las almas;
- **Espíritu Santo** - Es la mayor Divinidad del Puro Amor de la creación, sosteniendo y protegiendo los designios del Plan de Dios, sin cualquier interferencia, para el despertar de todos los seres;
- **Comandos Estelares** - Son representados por los comandos de Santa Esmeralda, Santa Ametista, Sirion, Orión, Asthar, Temporal y muchas otras Jerarquías de Luz, trabajando el Puro y Divino Amor Incondicional para el equilibrio y la sintonía vibracional en todo el Universo.

Son esas energías de la más pura Esencia Divina que impregnan el camino del ser humano en busca de su comprensión, crecimiento y evolución espiritual.

Decretos

El **Decreto** es como una oración, deseo, instrumento y forma de meditación que nos inspira a trabajar, desarrollar y fortalecer las virtudes que necesitamos para nuestro crecimiento y perfeccionamiento espiritual.

Cómo hacer:

Busque un lugar tranquilo y siéntase confortablemente en una silla, con la columna erecta o, si preferir, en postura del loto. Caso no sea posible, acuéstese y relaje.

Respire con suavidad: inspire por la nariz y cuente hasta tres, expire por la boca contando hasta tres. Repita la secuencia cuantas veces juzgar necesario hasta sentirse relajado(a). Haga el ejercicio con tranquilidad para que su mente se vacíe de todos los pensamientos. Pero, si aparecer pensamientos, no se preocupe, envíelos lejos.

Piense y mentalice el color del Rayo que se refiere al Decreto elegido y a los estándares (actitudes) que necesita trabajar, proteger o desarrollar.

Repita el Decreto tres veces y, a continuación, agradezca.

Si lo prefiere, haga todos los días, meditando el Decreto que se refiere al Rayo del día y, si posible, haga también la lectura de un mensaje que se refiere al Maestro.

De esta manera, usted podrá conectarse con más profundidad en la esencia de cada Rayo y absorber con más claridad las enseñanzas de los Maestros Ascencionados y Arcángeles.

Orad y vigiad siempre.

Luz, paz e bien.

Decreto del 1º Rayo de la Luz Azul

Arcángel Miguel habla de la entrega de la voluntad humana a la Voluntad Divina.

Día de la semana: Domingo

Virtudes: Fuerza, Poder Personal, Voluntad Divina, Protección, Liderazgo, Fe.

Decreto: Arcángel Miguel, que prevalezca en mí la Voluntad Divina.

Decreto del 2º Rayo de la Luz Dorada

Arcángel Jofiel propicia el contacto con la Sabiduría Divina.

Día de la semana: Lunes

Decreto del 3º Rayo de la Luz Rosa

Arcángel Samuel auxilia el despertar del amor.

Día de la semana: Martes

Virtudes: Perdón, Amor Incondicional, Tolerancia, Belleza, Bondad, Gratitud.

Decreto: Arcángel Samuel, que pueda desarrollar la plena y total capacidad de amar.

Decreto del 4º Rayo De La Luz Blanco-cristal

Arcángel Gabriel conduce la llama del ascenso y a la quema del Karma.

Día de la Semana: Miércoles

Virtudes: Purificación, Limpieza de Karmas, Ascensión, Equilibrio, Pureza, Paz, Silencio, Resurrección.

Decreto: Arcángel Gabriel, despierta en mí la purificación de mí ser a camino de la ascensión.

Decreto del 5º Rayo de la Luz Verde

Arcángel Rafael propicia la limpieza y el desprendimiento para recibir la verdad.

Día de la Semana: Jueves

Virtudes: Curación, Justicia Divina, Verdad Divina, Concentración, Consagración, Dedicación, Prosperidad.

Decreto: Arcángel Rafael, Líbrame del juicio, orgullo y del egoísmo y que la verdad prevalezca en mí.

Decreto del 6º Rayo de la Luz Rubí-dorada

Arcángel Uriel despierta la compasión y la misericordia.

Día de la Semana: Viernes

Virtudes: Devoción, Misericordia, Amor, Curación.

Decreto: Arcángel Uriel, dame fe y constancia en las oraciones.

Mantra

Estimado(a) amigo(a),

Les presento en este libro algunos Mantras, por lo cual usted podrá equilibrarse, conectándose con el poder de curación de las palabras que vibran en perfecta sintonía con la Pura Esencia Divina de Dios.

La palabra Mantra viene del Sánscrito, donde Man significa mente y Tra significa control, es decir, control de la mente. Hay hace miles de años, posee una energía única, especial. Es uno de los 72 nombres de Dios en la Cábala, es el abordaje espiritual más profundo para la activación del cuerpo de luz. Trae innumerables ventajas y curaciones, fortaleciendo la espiritualidad, creatividad, el mantenimiento de la integridad de carácter, los pensamientos y las acciones a través del trabajo, repeliendo el orgullo, la vanidad, el ego y la arrogancia, evidenciando la humildad y el compromiso, con el objetivo de expansión de la conciencia en la plena vivencia del amor incondicional.

Los Mantras que forman parte de este libro se deben entonar por 21 veces, de manera tranquila y concentrada, con el objetivo de relajar y de inducir a un estado de meditación, propiciando la conexión con el Divino.

Rayos, Maestros Ascencionados, Arcángeles y Equipo Angélica

La Gran Fraternidad Blanca es una de las Jerarquías Cósmicas del Plan Divino.

Las Jerarquías viven en el Cosmos y componen una red de transmisión de impulsos evolutivos para los varios mundos, denominada Hermandad, compuesta por varios seres de los diversos reinos, como el espiritual, dévico, angélico, entre otros.

La Gran Fraternidad Blanca es una Jerarquía Cósmica que protege y guía la humanidad terrestre, encargada de protegerla de la autodestrucción. Es compuesta por Seres Ascencionados, que ya vivieron en el Planeta y, al evolucionar, optaron por ayudar a la Tierra, organizados y distribuidos en siete Rayos Cósmicos, que advienen del Reino Celestial Mayor.

Los Maestros Ascencionados son formas de energía o entidades no físicas de los niveles superiores de conciencia que apoyan a los seres humanos en el desarrollo de la conciencia. Ellos están familiarizados con la vida en la Tierra, con los problemas y las dificultades humanas y con el camino que rumba a la unidad.

Cuando se invoca para un fin específico por nuestro sagrado corazón (Llama Trina) dentro de cada uno, los Rayos Cósmicos toman la forma de una Llama, que flameará sobre nuestros cuerpos, en algunas situaciones y algunos lugares o en todo el Planeta, acorde nuestro anhelo consciente, permitiendo que el Equipo Espiritual de Luz ayude para que los seres cumplan su misión evolutiva y se aparten de las limitaciones que dificultan la conexión con el Divino, aunque siempre respetando el libre albedrío.

En el comando jerárquico de la Gran Fraternidad Blanca están los Maestros Ascencionados/Chohans (Directores o Señores), los demás Maestros en Ascensión, así como sus Complementos Divinos (su otra mitad) y Equipos Angélicas, compuestas por Serafines (ángeles más antiguos y cerca al Trueno de Dios), Arcángeles (ángeles jerárquicamente superior a los demás ángeles), Querubines (ángeles guardianes de la luz y mensajeros), así como los Elohínes (divinidades elementales constructores de los mundos), que actúan en conjunto con sus respectivas falanges de Espíritus de Luz y de Espíritus Trabajadores, Obreros y Jornaleros.

1º Rayo

El color es azul – vibrante en el domingo.

Virtudes: fe, protección, voluntad divina, poder personal, fuerza, liderazgo.

El Maestro El Morya, en su pasaje por la Tierra, fue Abraham, Rey Mago Melquior, Rey Artur, de la Gran Bretaña, que es el guardián de la Espada de Excalibur y del Cáliz del Santo Graal. Ha tenido otros pasajes en Inglaterra y en Mongolia. Fue Mahatma Morya, en India, que influyó en la creación de la Sociedad Teosófica (1875). Por fin, fue El Morya Khan, hijo del rey de Bangladesh, que renunció al trono para ser religioso. Ascencionó al final del siglo XIX y ayudó en la fundación del Grupo Puente para la Libertad, entre otros.

Equipo Angélica: Arcángel Miguel, su Complemento Divino es Santa Fe.

El Elohín Hércules y su complemento Amazon crearon la Tierra con la sustancia Primordial, trabajan la fe y la fuerza.

Mantra: Vibro en el color azul, buscando protección, fe y coraje

2º Rayo

El color es dorado – vibrante el lunes.

Virtudes: sabiduría divina, iluminación, ciencia, conocimiento, sabiduría, tecnología, inspiración.

Maestro Ascencionado Chohan/Director: Confucio.

El Maestro Confucio, en su pasaje por la Tierra, fue el mayor pensador de China, para formación ético-humanística en filosofía social y vivió alrededor de 550 A.C en el país de Lu (actual Provincia Shandong), fue Magistrado, Secretario de la Justicia y ministro Jefe, cuyos pensamientos se armonizaron con Lao-Tsé, místico y fundador del Taoísmo.

El Maestro Kuthumi fue el Director del 2º Rayo, sustituido por Maestro Lanto, antecesor del Maestro Confucio.

Equipo Angélica: Arcángel Jofiel, su Complemento Divino es Constantina.

El Elohín Casiopea y su complemento Minerva ayudan a los seres en sus aprendizajes y estimulan la fuerza concentrada en la atención.

Mantra: Vibro en el color dorado, buscando inspiración, sabiduría divina e iluminación.

3º Rayo

El color es rosa – vibrante el martes.

Virtudes: Perdón, Amor Incondicional, Tolerancia, Belleza, Bondad, Gratitud.

Maestra Ascencionada Chohan/Directora: Rowena.

La Maestra Rowena, en su pasaje por la Tierra, fue Santa Teresita, Juana D'Arc, Madre Teresa de Calcutá, entre otras, indicando que el alma se puede vestir de diversos aspectos para desarrollar el propósito al cual se destina.

Equipo Angélica: Arcángel Samuel, su Complemento Divino es Cáritas.

El Elohín Orión y su complemento Angélica mantienen la paz a través del Amor Divino, de la plenitud de la Llama Rosa, que disuelve toda energía nociva.

Mantra: Vibro en el color rosa, buscando el amor incondicional.

4º Rayo

El color es blanco-cristal – vibrante el miércoles.

Virtudes: Purificación, Limpieza de Karmas, Ascensión, Equilibrio, Pureza, Paz, Silencio, Resurrección.

Maestro Ascencionado Chohan/Director: Seraphis Bey.

El Maestro Seraphis Bey, en su pasaje por la Tierra, fue los Faraones Osiris, Akhenaton IV y Amenophis III, que fue el constructor de los Templos de Luxor y de Karnak; el Rey espartano Leónidas; Fidias, el constructor del Parthenon, en Grecia.

Equipo Angélica: Arcángel Gabriel, su Complemento Divino es Esperanza.

El Elohín Astrea, Madre Estelar y su Complemento Divino Pureza actúan con armonía y pureza, liberan a las personas de los obsesores, de la maldad, ignorancia y de las desarmonías.

Mantra: Vibro en el color blanco-cristal, buscando el equilibrio espiritual.

5º Rayo

El color es verde – vibrante el jueves.

Virtudes: Curación, Justicia Divina, Verdad Divina, Concentración, Consagración, Dedicación, Prosperidad.

Maestro Ascencionado Chohan/Director: Hilarión.

El Maestro Hilarión, en su pasaje por la Tierra, fue Paulo de Tarso, el apóstol que se convirtío en San Pablo y San Hilarión.

Equipo Angélica: Arcángel Rafael, su Complemento Divino es Madre María.

El Elohín Vista o Ciclope y su complemento Divino Cristal actúan en el proceso evolutivo de la humanidad.

Mantra: Vibro en el color verde, buscando la curación de mí cuerpo espiritual, físico y mental.

6º Rayo

El color es rubí-dorado – vibrante el viernes.
Virtudes: Devoción, Misericordia, Amor, Curación.
Maestra Ascencionada Chohan/Directora: Nada.

La Maestra Nada, en su pasaje por la Tierra, fue María Magdalena, Irena Stanislawa, Hermana Dulce y otras.

Maestro Jesús dejó de ser Chohan de este Rayo, cuando junto con Maestro Kuthumi se elevaron a la condición de Instructores del Mundo. Jesús aún es el mayor ejemplo de las virtudes de este Rayo en el Mundo, con relieve para la Misericordia Divina y la Curación, como forma evolutiva de la persona humana encarnada.

Equipo Angélica: Arcángel Uriel, su Complemento Divino es Gracia.

El Elohín Tranquilitas y su complemento Divino Pacífica son los Elohínes que ayudan en los verdaderos ejercicios de abnegación y de paz.

Mantra: Vibro en el color rubí-dorado, buscando la compasión.

7º Raio

El color es violeta – vibrante el sábado.
Virtudes: Apelaciones, Compasión, Transmutación, Transformación, Libertad.
Maestro Ascencionado Chohan/Director: Saint Germain.

El Maestro Saint Germain, en su pasaje por la Tierra, fue San José, padre de Jesús; Mago Merlín, que daba consejos importantes al Rey Arthur, de Gran Bretaña; el Profeta Samuel, Cristóbal Colombo y el filósofo Roger Bacon.

Equipo Angélica: Arcángel Ezequiel, su Complemento Divino es Ametista.

El Elohín Arcturos y su complemento Divino Diana responden por las verdaderas apelaciones que vienen del corazón para la liberación de las limitaciones y enfermedades.

Mantra: Vibro en el color violeta, buscando la transformación de mi ser.

Mensaje inicial

Luz Dorada

Maestro de la Colonia Valle Dorado

Maestro Jheriel: Elecciones y renuncias

"¡Hermano adorable!

Vivir exige elecciones, y elecciones exigen renuncias.

Usted descubrió quién usted es. Comprendió qué está haciendo aquí, se dio cuenta de que la responsabilidad es grande y, por eso, eligió caminar en la Luz. Hizo una sabia elección.

Ahora es hora de elegir la mejor forma de caminar. La decisión es suya. Puede elegir el camino de la comprensión, tolerancia, simplicidad y compasión. Elegir el camino con sabiduría exige renuncias. Dejar para tras todo que le pesa el alma, abandonar viejas costumbres y ser un nuevo Ser de esperanza y de determinación requieren actitud de coraje.

Sea valiente y consciente de su elección y cuando encontrar impedimentos y sentir miedo inspire el color amarillo dorado de la Llama Trina que hay dentro de usted, en su chacra cardíaco. Inspire, expire, respire el color amarillo dorado de la Sabiduría Divina y pida que despierte en usted la sabiduría que le guiará y fortalecerá su alma para que sea plena, serena y consciente de que, si vivir con amor y por amor, estará cumpliendo la misión de vida que Dios le ha confiado.

¡Con amor, alegría y gratitud!

Soy Maestro Jheriel, de la Colonia del Valle Dorado.

Mantra: Camino con sabiduría y fidelidad para cumplir la misión que Dios me ha confiado."

(Mensaje canalizado en 11/08/2019)

Mensaje del Dirigente de Astheriã, del Equipo Médico del Grande Corazón de Astheriã y del Grupo Anjos de Luz

Luz Verde, Luz Azul, Luz Dorada y Luz Blanco-cristal:
Dr. Helmuth - Integrante de los Consejos de Amparadores, Evolutivo y Cárnico

Dr. Helmuth: Despertar, buscar, caminar y transmutar

"¡Alabado sea el nombre de Cristo!

¡Salve al Equipo Médico del Grande Corazón de Astheriã!

Como dije en el Libro 1 – ¿Quién Soy?? - O despertar de la conciencia, en el Libro 2 - ¿Qué estoy haciendo aquí? - En busca de sí mismo, y en el 3 – ¿Para adónde quiero ir? - Caminando en la Luz, es de gran importancia comprender su propósito de vida aquí en el planeta Tierra. El propósito de cada uno se inicia cuando se pone disponible para la acción divina, entonces se revelará delante de si la grandiosidad del amor del Padre Dios Amoroso, que es pura misericordia y compasión. El despertar de la conciencia lo llevará a entender su propósito en la Tierra y será de gran ayuda con relación a lo que es necesario hacer. La busca incesante del auto conocimiento traerá luminosidad a su caminar.

Ahora en el libro 4 – ¿Cómo quiero ir? - Conciencia plena se concluirá la jornada del alma. Esa jornada hará con que despierte en su interior una voluntad contumaz de hacer una autorreflexión. ¿Qué aprendí acerca del despertar? ¿Qué ha despertado en mí? ¿Qué encontré en busca de mi esencia? ¿Qué me di cuenta cuando empecé la caminata espiritual? ¿En fin, cómo quiero ir? ¿Lo que en realidad es necesario comprender, entender, vivir, aceptar para que mi jornada sea un verdadero encuentro de Luz con la Pura Esencia Divina? ¿Qué es necesario llevar en el equipaje?

Es suficiente llevar en su interior el Amor Incondicional. Que él sea su compañero diario. Que sea su norte, guía, brújula. Que clame por Dios para dirigir su vida. Que piense en Jesús y en sus ejemplos de amor, perdón, compasión, misericordia, tolerancia, prorrateo y generosidad. Que sienta la suavidad y el poder del amor de María. Que, aunque sintiendo miedo, sepa que solo el amor del Padre Dios Dios será suficiente para nutrir su alma sedienta de luz, alma que, a veces, tantea entre periodos de vida nublados y cenicientos y periodos en que la fe es puesta a prueba. Es en esos periodos difíciles que el amor del Padre Dios Dios sobrepasa todas las expectativas. En esos momentos, Dios carga cada hijo suyo y sopla en sus oídos: Avance, calme su corazón, siéntame, estoy contigo. Exactamente así la acción divina se realiza a través de la consolidación de la fe y de la persistencia en busca de merecimiento. La fe necesita ser cuidada, regada todos los días como una planta. El merecimiento (mérito) es compañero inseparable de la fe, los dos juntos forman un dúo inquebrantable capaz de sostener su alma en todos los momentos en que sienta fragilidad y vulnerabilidad existencial.

El planeta Tierra pasó y aún pasa por una gran transición energética y vibracional. La grande mayoría de los humanos pasó para la 5ª dimensión, algunos humanos ya están en la 6ª y, con eso, grandes transformaciones son esperadas e ya sentidas. Otras ocurrirán gradualmente, para que todos los seres humanos se adapten a la vieja nueva orden universal, que es el amor incondicional. Los cambios energético y vibracional de la Tierra fueron necesarios para que la humanidad tenga la oportunidad de vencer las escabrosidades que ocurren todos los días y los males incrustados en la esencia humana, como el suicidio, la depresión, obsesión personal o colectiva, impaciencia, intolerancia religiosa o ideológica, las variadas enfermedades que nunca habían aparecido en siglos, los distintos tipos de cáncer, el hambre que asola países enteros, los apátridas y los refugiados en un total de 70,8 millones de personas forzadas a dejar sus países de origen por motivos de guerra, persecución, violencia y violación a los derechos humanos, entre varios otros.

La jornada del alma es guiada por el Amor Incondicional que brilla como la Luz Divina dentro de cada uno, revelando la panacea universal capaz de curar todas las enfermedades que afligen al ser humano. Caminar y despertarse para la luz exige que se haga la reforma íntima. Limpie su corazón y mente. Vea con claridad lo que va en su alma. Quite las máscaras que usa todos los días. Desagase de todos los pensamientos inútiles, sentimientos y actitudes contrarios a la ley divina del amor mayor, perdón, tolerancia, misericordia, compasión, e generosidad. Tras el puntilloso examen y la aceptación de todo aquello que es tóxico, nocivo y contrario a su crecimiento y a la evolución espiritual, pida a Dios fuerza suficiente para limpiar su alma y su espíritu con la Luz Divina y se liberar de la basura que acumula dentro de sí. Esa reforma demanda coraje, disciplina diaria, compromiso y el sincero deseo de cambio para que sea una persona mejor de lo que es hoy.

Transformar es doloroso, transmutar es divino. Así, poco a poco, a través de pequeños gestos y actitudes, de la persistencia en caminar y despertarse para la luz, la transformación ocurrirá de manera blanda, pero firme. Caminemos juntos, entonces, pues el camino de la luz es largo y arduo, aún no es imposible, por lo contrario, el camino de la Luz está delante de usted, esperando usted del primer paso hacia la liberación de todos los vicios, males que acometen su alma y comprometen su espíritu, impidiendo su crecimiento evolutivo.

Venga conmigo en esa grande jornada del alma, que mostrará como empeñarse para subir los peldaños de la escala evolutiva. La respuesta es única: a través del ejercicio diario del amor incondicional consigo mismo y con su prójimo, usted alcanzará la victoria deseada. Límpiese, perdónese, crea y camine, sin tantear. La bendiciones del Maestro Jesús están bien delante de si esperando su despertar con la conciencia plena de su real propósito de vida.

El camino de la Luz revela el amor incondicional y recuerda que todo cambio empieza a partir de sí mismo, en sus pensamientos, sentimientos y sus actitudes: que la caridad empieza en su casa — viva realmente el pleno amor y tenga más compasión con sus familiares, honre a sus ancestrales, ame y dele atención a sus padres, eduque y de límites a sus hijos; que caminar en la Luz y despertarse para la Luz nada más es que amar a si propio, verse sin disfraces, valorar las virtudes que posee, trabajar arduamente para cambio de sus actitudes equivocadas ante la vida, familia y el prójimo, es perdonar continuamente a si y a los otros.

Caminando y despertándose para la Luz, usted será capaz de ver en su prójimo el reflejo de Dios y el de sí mismo, porque el Amor Incondicional muestra toda su belleza, magnitud y riqueza. Es Luz que no se acaba, es Luz que cada vez ilumina más, es Luz que desborda en todos los seres del planeta Tierra, dirigiendo el curso de las jornadas de las encarnaciones en busca de evolución, del entendimiento y de la comprensión del despertar de la conciencia colectiva, de la busca por sí mismo, del camino de la Luz y para la Luz.

La Jerarquía Espiritual Divina presentada en este libro es una de las más altas escalas vibracionales de la pura Esencia Divina que ayudan al ser humano en su camino evolutivo.

Los Siete Rayos Cósmicos de Luz descritos aquí son la manifestación Mayor del Amor Divino y se concentran en la ejecución del Plan de Dios para el planeta Tierra y para el Universo. Desde el primer al séptimo Rayo usted encontrará la pura manifestación de la Voluntad Divina para comprender su propósito en el Planeta, silenciará su mente para escuchar la Voz Divina, liberará su alma de las energías negativas. Todo eso es posible solo a través del Amor Incondicional, llevándolo a tener plena conciencia de que en la Tierra todos son hermanos e hijos del mismo Padre Dios, Dios, despertando, así, el sentimiento de Fraternidad.

Usted alcanzará el sentimiento de Unidad y trabajará en favor de la Integración y de la Purificación de la humanidad en perfecta Armonía, valorizará cada vez más el Reino Vegetal como fuente para encontrar la Pura Esencia Divina de la Curación, comprenderá el verdadero significado de la Abnegación, Desapego, Devoción, Misericordia para la Ayuda libre de intereses para todos aquellos que necesitan de usted. Sentirá también cuán importante es liberarse de culpas para su Purificación y Transmutación, abriéndose para recibir la Misericordia Divina, entenderá que Mantra es un instrumento del pensamiento, es oración, que, de forma repetida, suministra tranquilidad, equilibrio y paz interior, curación al alma, del espíritu, la mente, el cuerpo y trae el entendimiento de fe y de merecimiento, despierta lo que hay de más bello y noble y ayuda a consolidar la fe que ya existe en cada ser. Y conocerá más acerca del hogar (casa) espiritual de los Médicos Espirituales del Equipo Médico del Grande Corazón de Astheriãn, pues como dijo Jesús: En la casa de mi Padre Dios Dios hay muchos hogares. (Juan, 14:2).

Gratitud especial al Equipo Médico Espiritual en el pleno y total ejercicio del amor mayor que viene de Dios; es un Equipo que tengo oportunidad de conducir, orientar, coordinar y aprender, y como he aprendido con eses espíritus dedicados e imanados en la luz, en el bien, en la conciencia colectiva del amor incondicional, amor mayor que guía, dirige, hace con que todos los obstáculos sean sobrepasados uno a uno. Mi reconocimiento inmensurable al Equipo de Trabajadores, Obreros y Jornaleros expertos en Soporte y que nos ayudan. Eses son espíritus iluminados y comprometidos con la Curación que propician tranquilidad, seguridad, equilibrio, armonía vibracional en todos los continentes de este planeta donde estamos actuando.

Gratitud al Equipo de Médiums del Grupo Anjos de Luz, que se dispone para los tratamientos espirituales (cirugía espiritual presencial), siendo que, en eses días, incontables veces involucran sus corazones en la luz transformadora y transmutadora de la Llama Trina, poniéndose a servicio del amor, de la luz y del bien.

Gratitud al Equipo de Jornaleros (Ángeles Amigos), que se disponen siempre a contribuir con trabajo, disponibilidad, conocimiento, entusiasmo y alegría.

Gratitud a los Maestros Ascencionados, Médicos Espirituales, a todo Equipo del Grupo Anjos de Luz y a los Profesionales involucrados en el trabajo de construcción de los cuatro libros de la Serie Mensajes de Luz para su Día, por el compromiso, por la dedicación y amor incondicional demostrados y revelados durante el tiempo que trabajamos juntos en esa Obra de Amor y Luz, que tiene un objetivo solo: el despertar de la conciencia plena.

En fin, cada un dona lo que tiene de mejor dentro de su corazón: Amor. Amor no se compra, no se vende, no tiene precio. Amor simplemente se demuestra en pensamientos, sentimientos y en actitudes.

Te agradecemos oh Dios, Padre Dios de Misericordia y Amor Infinito, Jesús Cristo, Padre Dios del Puro Amor, Virgen María, Madre del Amor Ilimitado, Cristo,

Patrono del planeta Tierra, Padre Dios de la Pura Esencia Divina, por todas las bendiciones recibidas en todos los días de trabajo, y que podamos continuar a trillar el camino de la luz y del aprendizaje, de la humildad, disciplina, perdón, comprensión, aceptación, paciencia, tolerancia, compasión y de la misericordia, ejercicio diario de la caridad, venciendo las dificultades y las tribulaciones, caminando siempre hacia la Luz.

En esa actual era de Acuario, el planeta Tierra se beneficiará con la expansión de la conciencia colectiva, que dirigirá y fortificará la vida de toda la humanidad. Y vuelvo a insistir: aprenda a perdonar, comprender y aceptar a si y al otro como él es, a ser misericordioso, justo, compasivo, trabajar sin quejarse, hacer el bien sin mirar a quien, estudiar continuamente sin pereza, ser puntual, asiduo, comprometido, responsable y, principalmente, no se olvide de que todo bien, toda paz, toda luz, todo amor y toda abundancia que pide incesantemente a los cielos están bien delante de sí.

Siga adelante sin desviarse de su compromiso de vida, para encontrar su mayor tesoro, la luz de su alma, su Pura Esencia Divina, que solo el caminar en la Luz y para la Luz propicia nuevas vidas, nuevos Tiempos, Amor Incondicional, Unidad y Trabajo en Equipo siempre definen todo.

Despierte para buscar, busque para encontrar, camine para transmutar, concientícese para realizarse plenamente. Ilumínese, encuéntrese, alégrese, realícese. ¡La Luz estará siempre contigo!

¡Alabado sea Cristo!

Salve al Equipo Médico del Grande Corazón de Astheriã.

Soy Dr. Helmuth - Médico, Investigador, Botánico, Dirigente de Astheriã, del Equipo Médico del Grande Corazón y del Grupo Anjos de Luz..

Mantra: Que despierte la conciencia plena para la realización de mi propósito: ser Luz."

(Mensajes canalizados en 25/03/2018, 17/11/2018, 05/06/2019 e 12/08/2019)

Mensajes iniciales de los Instructores del Mundo

Instructores del Mundo

Maestro Jesús y Maestro Kuthumi actúan como Instructores del Mundo. Conducen las cuestiones acerca de la Espiritualidad en lo que tañe a la educación, religión, ética y moral. Expresan el Amor Mayor llevando la humanidad a despertar la Esencia Crística de cada ser divino para la comprensión de su caminata en el Planeta.

Maestro Jesús: Toque de amor

"Mis amados hijos,

Sientan el toque de mi amor por cada uno de ustedes.

Sientan la Paz, la Luz Divina de nuestro glorioso Dios Padre Dios de todo Universo.

¡Todos los seres son vida, todos los seres pueden amar!

Sientan mi amor mentalizando un color rosa alrededor de su ser. Sientan el calor, como el regazo de una madre en contacto con su hijo. Es así que los siento.

Los amo, los escucho.

Sientan mi amor hoy, mañana, y en todos los días de vuestras vidas.

Viví en la Tierra para que conocieran el verdadero amor, el amor incondicional que deben tener entre ustedes. Todos son hermanos. Cuídense. Cuiden de la madre Tierra. Todos pueden coexistir si tuvieran más conciencia de sus actos, si tuvieran respeto por la Tierra, medio en que viven, por los animales y elementos de la naturaleza.

Amen. Cada vez más ámense como vos amo. No sientan miedo de amar, hablar, expresar.

Morí para que pudieran comprender y sentir el perdón, la misericordia y el amor. El momento de sentir es ahora.

Vivan, perdonen, compartan, entréguense al amor incondicional.

¡Os amo incondicionalmente!

Soy Maestro Jesús.

Mantra: Soy amor incondicional, soy Luz en el camino de mis hermanos."

(Mensaje canalizado en 30/07/2019)

Maestro Jesús: Camino al Padre Dios

"Mis hijos,

Todos los caminos nos deben llevar al encuentro del Padre Dios.

He caminado por el desierto, tuve varias pruebas para sobrepasar mis miedos, dudas y debilidades.

La superación viene con el tiempo y el tiempo se ajusta a lo que necesitamos vivir en el momento, en el ritmo escrito para cada uno de nosotros.

¿Cómo quiero caminar hasta el encuentro con Dios? Conociéndome.

Viva con alegría e intensidad cada día de su vida, como si el mañana no existiera.

La felicidad que tanto buscan debe ser cultivada y renovada todos los días. Conozca a personas y haga nuevos amigos, conozca lugares en que nunca ha estado, practique el bien, desafíese a hacer cosas que pensaba ser incapaz. Ámese y ame a su próximo. Verás la felicidad.

Camine, siga adelante, agradezca por cada encuentro, caída y cada levantarse de nuevo, cada sonrisa recibida y cada lágrima vertida.

Camine con fe, coraje, alegría y esperanza. Tenga conciencia de todo por lo que ha pasado y que la jornada siempre vale la pena.

Para reanudar no tiene edad ni siquiera tiempo cierto. El recomienzo es único, así como ustedes, mis hijos, son únicos, la más pura Esencia Crística.

Caminen con suavidad hacia el Altísimo Dios Padre Dios Todo Poderoso.

Os amo y amaré siempre.

Soy Maestro Jesús.

Mantra: Camino con fe, coraje y alegría."

(Mensaje canalizado en 08/08/2019)

Maestro Kuthumi: Evolución

"Hermanos queridos,

Que la Luz Divina los ilumine en este momento.

Ignoren hechos consumados, calmen los corazones, impregnen el camino del bien.

Llegó la hora de la renovación espiritual, donde se efectuarán los cambios necesarios para promover el éxodo dimensional.

No carguen resentimientos, miedos, tristezas, indignaciones.

El camino es solo uno – Amor.

Amor que requiere perdón, respeto, interacción con la frecuencia cósmica superior.

No se puede evolucionar cuando está atado al proceso tridimensional.

Elévense, asuman nuevos propósitos, delineen nuevos caminos.

Para todo hay un nuevo porvenir.

Suéltense y déjense conducir y orientar por nosotros, que estamos por delante del mando intergaláctico, cumpliendo el compromiso de elevarlos, edificando un nuevo hogar terreno, donde el amor será la luz inspiradora de todas las situaciones.

Sean libres.

Confíen.

Expansione su luz.

Vibren la fuerza del poder divino en sus corazones.

Soy vuestro Maestro Kuthumi.

Mantra: Soy la fuerza que vibra el amor divino."

(Mensaje canalizado en 13/07/2019)

Mensajes de los Maestros Ascencionados de los Rayos de Luz

1º Rayo de la Luz Azul

Maestro Ascencionado Chohan/Director: El Morya
Arcángel Miguel
Día de la semana: Domingo
Virtudes: Fuerza, Poder Personal, Voluntad Divina, Protección, Liderazgo, Fe

Maestro El Morya: Fuerza Suprema

"Queridos hermanos,

No negad a vosotros el derecho a la felicidad suprema.

Buscad en la fuente de la reforma íntima, valorando todo el potencial que traed en vuestros corazones.

Mis amados,

Sellen el corazón con la fuerza del bien, el poder que sobrepasa el ser humano y les garantiza la debida victoria sobre todas las fuerzas negativas, fuerzas que desestabilizan o retroceden el camino.

Únanse a las potencialidades cósmicas del perdón y quiten las hendiduras que degeneran el corazón.

No carguen chatarras.

Quiten los sentimientos ignobles y lancen la fuerza de la fe, coraje suprema de un hijo de Dios que sabe gobernar su corazón, su vida, con el poder pleno que el ser contiene.

Los involucro en la luz azul del poder y de la autonomía, coraje y de la fuerza suprema que les de la certidumbre de la victoria final.

Soy vuestro Maestro El Morya.

Mantra:

(Mensaje canalizado en 12/07/2019)

Maestro El Morya: Amor

“Hermanos,

Vengo a hablar de amor, esa palabra tan pequeña, con inmenso significado.

Nacemos del amor, somos el amor, vivimos en el amor y tenemos que propagarlo entre los pueblos. No lastime, ame.

Ame a sí mismo y a su semejante. Necesitamos mantener encendida la llama del amor de la cual nacimos.

Esparcid el amor como el Padre Dios nos irradia.

Somos el amor, hagamos de él la palabra del nuestro vivir.

Sea amor.

Soy Maestro El Morya.

Mantra: Amo y me doy cuenta de cómo el amor es bello.”

(Mensaje canalizado en 07/08/2019)

Maestro El Morya: Somos todos Uno

“Mis queridos hermanos,

Somos todos Uno.

Somos fruto del mismo Dios. Somos hombres, mujeres y niños de la pura luz del Altísimo. Somos todos iguales, vinimos de una misma esencia divina. ¿Porque nos tratamos con tanta indiferencia, falta de respeto y egoísmo? ¿Por qué pensar solo en nosotros y muchas veces intentar quitar ventaja de la fragilidad de nuestro hermano?

¡Sean más sensatos, mis hermanos!

Estamos trabajando para que todos en la Tierra vibren en la misma sintonía. Por eso, es importante que provoquen cambios en su íntimo. Fortalezanse. Tengan coraje de cambiar pensamientos, actitudes y posturas delante del prójimo y de la vida.

Estaré siempre cerca, orando por ustedes cuando me pidan ayuda.
Soy Maestro El Morya.

Mantra: En la unidad vibro la Pura Esencia Divina."

(Mensaje canalizado en 19/06/2019)

Maestro El Morya: Momentos difíciles

"Mi querido hermano,

Oremos todos los días por un mundo mejor. Un mundo con más oportunidades, igualdad y solidaridad.

Busque por el camino del trabajo honesto, digno, que esté al alcance de todos, pues el trabajo genera la materia necesaria para que se viva en el plan físico, que es pasajero, pero crucial para la evolución del espíritu. Sepa escuchar su esencia para identificar el trabajo de acuerdo con sus habilidades y deseos de aprendizaje, que hecho con alegría y voluntad, dignifica a su ser.

El planeta vive momentos difíciles y se necesita crear las oportunidades para que todos se sostengan.

Por eso, mi hermano, le pido que ore, mentalice todos los días la situación que anhela. Aprenda a meditar para que traiga el equilibrio que lo llevará por mejores caminos.

¡Vibro por usted y lo amo!
Soy Maestro El Morya de la luz azul.

Mantra: Supero todas las dificultades diarias con el Puro Amor Divino."

(Mensaje canalizado en 07/06/2019)

2º Rayo de la Luz Dorada

Maestro Ascencionado Chohan/Director: Confucio
Arcángel Jofiel
Día de la semana: Lunes
Virtudes: Sabiduría, Iluminación, Ciencia, Tecnología, Conocimiento, Inspiración

Maestro Lanto: Iluminación

"Mis queridos hermanos en la Luz,

Aprendan con los girasoles, que buscan la dirección de la luz y se iluminan.

Sí, mis queridos hermanos, vuélvanse a la luz y dejen que los rayos misericordiosos de Dios conduzcan en la dirección correcta de sus caminos.

No insistan en seguir el contradictorio.

No insistan en lo que les trae penuria y sufrimiento.

Háganse ligeros al gusto del viento que los llevará a nuevos y grandiosos caminos que los esperan, para fructificar de nuevas ideas el nuevo porvenir.

Los enciendo con la luz dorada del Grande Sol Central, trayéndoles el perfeccionamiento de la sabiduría divina.

Estudien. Estudiar es buscar escuchar lo que ya es y que está listo para que asimilen a través de la inspiración en los momentos de meditación en que se conectan con el Ser Superior.

Exploren nuevos caminos.

Vos bendigo.

Soy Maestro Lanto.

Mantra: Brille el Sol y la sabiduría de Dios en mi corazón."

(Mensaje canalizado en 13/07/2019)

Maestro Confucio: Conocimiento a su alcance

"¡Luz Dorada a todos los hermanos!

Despiértense para la Sabiduría Divina. Cultiven la costumbre de perfeccionarse cada vez más. El estudio incentiva los actos verdaderos de amor y de construcción de una sociedad plena y evolucionada. ¿Qué sería de los alumnos sin los maestros?

Todos pueden ser maestros. El conocimiento está ahí, para que todos ustedes, mis hermanos, puedan disfrutar de él. Con sabiduría, nos realizamos, y estando en comunidad, más aún, pues podemos vivir y ver los frutos de las semillas plantadas.

Fui un Maestro en la Tierra, un Profesor, me encanto con las victorias de tantos alumnos. Por eso, incentiven la curiosidad, práctica y el estudio. Quien está siempre aprendiendo puede ir hacia cualquier sitio que los libros o glorias en los estudios los lleve.

Sean creativos. ¡Elijan osar y hacer diferente! Cuando tenemos la técnica, ganamos la confianza y el coraje necesarios para tirarse en los sueños, sueños de una vida mejor para todos ustedes, mis hermanos.

Mucha luz de sabiduría, mucha luz dorada en sus vidas.

Soy Maestro Confucio de la Llama de la Luz Dorada.

Mantra: Todo puedo cuando la Sabiduría Divina me involucra."

(Mensaje canalizado en 01/07/2019)

3º Rayo de la Luz Rosa

Maestra Ascensionada Chohan/Directora: Rowena

Arcángel Samuel

Día de la semana: Martes

Virtudes: Amor Puro Incondicional, Perdón, Auto aceptación, Gratitud, Belleza, Bondad, Reverencia, Tolerancia, Adoración

Maestra Rowena: Renacimiento

"Que vuestros corazones ablanden los sentimientos y se conviertan en haces de luz y de amor.

Mantengan la paz en los corazones.

Ella depura todo el dolor.

La vida requiere discernimiento de las propias causas.

Somos lo que despertamos en nosotros.

Sí, queridos hermanos, atenten para lo que los aflige y no permitan empañar la luz de vuestros corazones con sentimientos que maltratan e impiden el caminar seguro en la evolución divina.

No lastimen lo que no fue. No destruyan la paz.

Renuévense en luz y gracia y vivan la bendición del hoy, que les da todas las oportunidades para que hagan el nuevo mañana.

Renazcan.

Rehagan sus energías, escuchando la voz de la purificación, que les sopla a los oídos el renacer en el amor.

Ámense. Dense las manos.

Únanse por el amor que establece la paz y el ánimo en el camino del ser.

Os doy mi amor.

Os ilumino con la Luz Rosa de mi corazón y los convierto en Centellas de Luz a esparcir amor y paz.

Soy vuestra Maestra Rowena y vos entrego la Luz del verdadero y único amor – el Amor Incondicional.

Mantra: Limpio en mis imperfecciones con el flujo del amor incondicional que habita mi ser."

(Mensaje canalizado en 12/09/2019)

Maestra Rowena: Coraje todos los días

"¡Coraje hermanos!

Es necesario tener coraje para seguir adelante. Solo tener gana, sin acción, vivir en el sueño sin realizar, no los hará sentir la alegría de la concretización. Para coger los frutos, es necesario tener coraje para realizar, construir ladrillo a ladrillo, sol tras sol, caídas para levantar y lograr hacer mejor que antes.

¡Somos todos aprendices!

Teniendo coraje, mis hermanos, ustedes irán lejos con la conciencia clara para adonde quieren ir, como quieren ir, pues el coraje los impulsa.

Sean plenos de amor, objetivos, abracen causas, foque en aquello que es imprescindible. Estén seguros de que lo que es valeroso siempre involucra al otro, todos los seres vivos.

Tengan coraje de construir y realizar.

Con todo mi amor e intensidad de la Luz Rosa.

Soy Maestra Rowena.

Mantra: El amor cabe en mí y en cada corazón que pulsa."

(Mensaje canalizado en 25/06/2019)

Maestra Rowena: Belleza de la vida

"Amados Hermanos,

Vengo a hablar de la belleza de la vida, contemplad todos los días, desde el despertar hasta el dormir. Todo pasa muy rápido. Viva con intensidad. Sienta ese amor contagioso en las personas, sea un instructor de sí mismo y, cuando se dé cuenta, estará en el camino evolutivo conducido por el amor junto a todos los hermanos.

Soy Maestra Rowena.

Mantra: Veo la belleza de la vida a través del Puro Amor Divino."

(Mensaje canalizado en 07/08/2019)

4º Rayo de la Luz Blanco-cristal

Maestro Ascensionado Chohan/Director: Seraphis Bey

Arcángel Gabriel

Día de la Semana: Miércoles

Virtudes: Pureza, Paz, Equilibrio, Ascensión, Silencio, Resurrección, Purificación, Limpieza de Karmas

Maestro Seraphis Bey: Luz Divina

"Paz y luz en todos los corazones.

Queridos hermanos,

Miren a la luz.

Vislumbren la luz.

No se pierdan en la caminata con juicios preconcebidos de que el sufrimiento es necesario para liberarse de traumas vividos en situaciones anteriores de la vida. ¡No!

La vida no es sufrimiento, pero, si, aprendizaje.

Como aprendizaje, puede fluir de manera ligera, compasiva, tranquila, administrándose de aquí y de allí situaciones difíciles y delicadas, sin ver antes el fin o desesperación, pero la oportunidad de curar todos los males en la luz del divino amor.

El iluminarse los convierte positivos en la lucha de la vida.

Solo la luz los hace ver la verdadera razón de todo y el verdadero sentimiento de cada gesto, palabra de complacencia y esperanza.

No se dejen llevar, pues, por los males de la vida, pero levanten vuelos en el esplendor de la luz y saboreen la divina paz de quien se concibe el perdón y la renovación de los caminos.

Soy vuestro Maestro Seraphis Bey.

Mantra: Soy la luz que trasciende la vida, la paz que transpone mi corazón."

(Mensaje canalizado en 02/08/2019)

Maestro Seraphis Bey: Humanidad sin frontera

"¡Querida Humanidad!

Que todos puedan sentir las energías elevadas del amor, de la paz y alegría.

Que las luces de los Siete Rayos los alumbren.

Aprendan y entiendan acerca de cada rayo, tengan disciplina y se beneficien con el flamear de las luces de los rayos que están al alcance de todos. Vibren cada color con intensidad, hagan la Llama Trina brillar e radiar los colores que más necesitan en aquél día.

¡Somos todos luz!

Cada rayo de luz tiene una belleza infinita que se complementa con los demás rayos. Como los rayos, la Humanidad se complementa, unos con los otros, varios colores, razas, creencias y culturas.

Ustedes necesitan unirse y, cada vez más, muchos de ustedes despertarán para el colectivo.

¡El mundo es de todos!

Las fronteras han sido creadas por el hombre y no por Dios.

Vibro para que sean más unidos y se conviertan en una humanidad sin fronteras.

Que puedan vibrar en el amor y en la paz, hoy y siempre.

Soy Maestro Seraphis Bey.

Mantra: ¡Como el arco iris, irradio luces para mantenerme en armonía y equilibrio!"

(Mensaje canalizado en 10/07/2019)

5º Rayo de la Luz Verde

Maestro Ascencionado Chohan/Director: Hilarión
Arcángel Rafael

Maestro Hilarión: El Despertar para la curación

"Paz y luz en todos los corazones.

Salve Dios , Padre Creador.

Hermanos,

No vos comprometed con el suelo abstracto de la vida, pero atenta para la luz que empaña, alumbra y muestra al caminante el camino correcto a recorrer.

Vendrán los tiempos en que no más se intermediarán mensajes, pero todos serán capaces de entrar en la sintonía del amor divino del Creador.

Ausentad, pues, del miedo, resentimiento, revuelta, ira, desamor.

Paladeen las virtudes del amor, que traen paz a revolver los corazones, liberándolos de las incomodidades y borrando sentimientos que muestran solo el ser humano equivocado y lejos de su esencia divina.

Amados,

Vacíen los corazones de todo que les traiga el desamor y despierten para el nuevo momento mágico de la conciencia cósmica.

Luz y vida.

Paz y amor.

Dios en el mando.

Soy vuestro Maestro Hilarión.

Mantra: Me libero de las fuerzas del mal. Me cubro con las bendiciones curativas del amor."

(Mensaje canalizado en 10/07/2019)

Maestro Hilarión: Humanidad en unidad

"¡Mis hermanos!

El Grande Sol Central los llama para la acción.

Construyan los cimientos de una sociedad más justa y respetuosa con el ser humano.

Críen puentes sólidas de conexión, será la grandeza del caminar en unidad. Esa es la palabra de orden que necesitan seguir en su día a día, Unidad.

Las frecuencias siguen ajustándose y ajustando la Tierra para la evolución de los seres que viven en ella.

Únanse y vendrá la transformación.

No pierdan la fe.

Crean uno en el otro. Caminen en comunión.

Vibraré por buenos pensamientos en sus mentes, de unión y de paz.
Soy Maestro Hilarión.

Mantra: Soy uno en la frecuencia sagrada del Grande Sol Central."

(Mensaje canalizado en 27/06/2019)

Maestro Hilarión: Conciencia curativa

"¡Mis queridos hermanos!
Caminen con equilibrio.

La Tierra sangra por tanto daño causado por la humanidad. Los seres de la naturaleza sufren y cada vez más especies desaparecen. Otras se convierten raras y se instala el desequilibrio que todos consiguen ahora ver con más claridad. Los impactos son altos y destructivos.

Caminen con conciencia. Sean prudentes en la utilización de las fuentes naturales. Estudien para alcanzar tecnologías que apoyen la preservación de los seres y de la naturaleza.

Caminen con amor. Sean diseminadores de la paz en el mundo para la preservación de la raza humana. Todos los hermanos, independientemente de las naciones.

Deseo a todos un caminar equilibrado, consiente y lleno de amor incondicional.
Soy Maestro Hilarión.

Mantra: Me blindo con la energía curativa de la naturaleza. Envuelvo a la madre naturaleza en una burbuja curativa de amor."

(Mensaje canalizado en 08/08/2019)

Equipo Médico del Grande Corazón de Astheriãn del Equipo Médico Espiritual

"El Equipo Médico del Grande Corazón de Astheriãn es un Hogar Espiritual, colonia residencia donde viven aproximadamente 1.500.00 (un millón quinientos mil) médicos espirituales de varias especialidades médicas, científicos e investigadores abnegados. Son Trabajadores de la Luz Divina, que ejecutan un trabajo de amor, dedicación y ayuda a todos aquellos que necesitan tratamiento espiritual presencial (cirugía espiritual presencial), tratamiento espiritual a distancia (cirugía espiritual a distancia), oración personal y oración para casa y otras formas de asistencia a los habitantes de la Tierra y de otros planetas.

El Equipo ha sido construido en el espacio con dimensión geográfica que se asemeja a los tamaños de los continentes de la América, que se subdivide en América del Norte, América Central y América del Sur, de Europa y de Asia. Su ubicación es aproximadamente arriba de los océanos Atlántico, Pacífico, Glacial Ártico, Índico, mares Mediterráneo y Negro. Haciendo una comparación con una grande metrópolis terrena, Astheriã posee varios barrios con incontables edificios exclusivos para Tecnología de la Información, dotados con equipos, aparatos de investigación y ordenadores de alta tecnología y desempeño que sirven para mediciones, colecta de datos, almacenamiento de todo y cualquier tipo de información que contribuya para el progreso y avance de los hallazgos médicos, científicos y tecnológicos. Hay barrios con incontables edificios exclusivos para catalogación y estudio de plantas, investigación avanzada y manipulación de medicinas. Hay barrios que se destinan a la vivienda individual o colectiva exclusiva para el Equipo Médico Espiritual conteniendo vivienda, espacio para limpieza astral y etérica, cámara de luces, descanso, ocio, meditación, retiro espiritual, Consejo Médico Espiritual, salones para Conferencias sin Fronteras de los mandos médicos intergalácticos, entre otros. Posee también barrios destinados al estudio, a las capacitaciones, especializaciones, maestrías, post maestrías, doctorados, post doctorados, campos de investigación y perfeccionamiento intensivo y continuo para todo el Equipo Médico Espiritual. Además de eso, se encuentran barrios que se destinan exclusivamente al Registro Akásico (grande banco de datos con informaciones de todas las encarnaciones y hechos de cada habitante terrestre y de otros planetas).

Astheriã, donde está el Equipo Médico del Grande Corazón, es rodeada por una estructura de vidrio ahumado para transmutación de cualquier energía contraria al bien, a la luz y a la paz. Luego en la entrada, tiene un grande portón dorado con una máquina que identifica digital. A continuación, hay tres cámaras de limpieza etérica, cromoterápica y armonizadora de los campos mental, emocional y sutil.

La comunicación utilizada en Astheriã es una mezcla de las lenguas Esperanto y Arameo que la convierten singular. La forma habitual de comunicación es la telepatía. Toda intención, acción y todo sentimiento son registrados de forma simultánea. En Astheriã, no hay secretos, contienda de poder, no hay ego, vanidad, orgullo, presunción y premeditación. Sus moradores son espíritus del Alta Jerarquía. Divina.

Las construcciones de Astheriã, en general, recuerdan la arquitectura de los campos universitarios (incontables edificios) dispuestos en alas de acuerdo con sus especialidades de estudios y de investigaciones y rodean los edificios que se destinan a la vivienda del Equipo Médico Espiritual, Consejo Médico Espiritual y de las Jerarquías Superiores del Mando Médico Espiritual Sin Fronteras.

Las construcciones que se destinan a la vivienda individual tienen paredes de vidrio translúcido, equipadas con estructura y tecnología específicas según función y especialización de cada médico o investigador. Los pisos son amplios, iluminados con amplia sala para reuniones, laboratorio, biblioteca, sala de luces para limpieza energética personal, pequeña cocina con una mesa redonda y algunas sillas y equipo de vidrio translúcido que sirve para almacenar agua y comida. La habitación posee mesa, ordenador, cama redonda computadorizada, que permite la programación de sonido, movimiento y de masajes que promueven relajación, descanso reparador. Al fondo de la habitación, hay un bello jardín de invierno con plantas elegidas por el morador.

La comida de Astheriã consiste en agua con estructura molecular semejante al agua gelatinosa. La comida sólida se asemeja a una papa hecha con gacha de maíz tierno blanco y arroz, sin condimentos. Los moradores beben agua una vez al día y una porción de papa a cada tres días.

La limpieza energética (baño) se hace cada tres días o de acuerdo con la necesidad del trabajo realizado fuera de Astheriã.

El día de Astheriã posee 72 (setenta y dos) horas que equivale a tres días de la Tierra. A cada 15 (quince) días trabajados, el médico tiene derecho a 24 (veinticuatro) horas de ocio. El área que se destina al ocio es al aire libre, compuesta de pista de vuelo, para la práctica de planeadores (se asemeja a la patineta), parques, cada cual con un color predominante de flores en sus jardines, distribuidos de acuerdo con los colores del arco iris, matices de plateado y dorado, con varias intensidades de color. Posee aún una amplia biblioteca con libros digitales, salas de videoconferencia, salón de descanso, relajación y meditación.

El transporte utilizado por los médicos para que vengan a la Tierra viaja en la velocidad del sonido y de la luz. Se asemeja al cohete espacial con espacio suficiente para el transporte de medicinas, equipos y del Equipo Médico Espiritual.

La preparación del Equipo Médico Espiritual para los trabajos se inicia dos días antes de la fecha programada para la atención (cirugía espiritual presencial, cirugía espiritual a distancia, oraciones personal y para el hogar). Los Médicos Espirituales pasan por una rigurosa limpieza energética vibracional en las cámaras de cromoterapia de varios haces de luces e intensidades variadas.

El Equipo Médico de Astheriã cuenta con la protección, apoyo, monitoreo y el soporte de los Guardianes. Esos Guardianes son Maestros del Valle Dorado, de la Colonia María de Nazaré, del Lar Esperança, de la Colonia Conceição, de la Colonia Dulce María. Solo con la protección de estos ejércitos de Guardianes es posible la venida del Equipo Médico Espiritual para la realización de los trabajos de auxilio a la humanidad.

Los moradores del Equipo Médico del Grande Corazón de Astheriã son todos los Trabajadores de la Luz Divina que se asoman de forma ininterrumpida a las investigaciones médico-científicas y estudios para hallazgos de nuevas medicinas y tratamientos que son soplados en los oídos atentos de los científicos e investigadores encarnados (vivos) en la Tierra, para que insistan en sus investigaciones y puedan traer una nueva inspiración, nueva esperanza para los seres humanos acometidos por diversos tipos de enfermedades.

Los Médicos Espirituales poseen una mirada atenta y generosa. Están cubiertos por el Amor Incondicional de Dios para que puedan seguir con determinación y abnegación en sus jornadas de Luz, del bien, para ayudar al ser humano en su vivencia en el planeta Tierra, consolidando los cimientos del Amor Incondicional a través de las enseñanzas de Cristo, Patrón del planeta Tierra y por Jesús Cristo, Instructor del Mundo.

Soy Dr. Helmuth - Médico, Investigador, Botánico, Dirigente de Astheriãn, del Equipo Médico del Grande Corazón y del Grupo Anjos de Luz..”

(Mensaje canalizado en 05/06/2019 e 12/08/2019)

6º Rayo de la Luz Rubí-dorada

Maestra Nada: Generosidad

“Amados hermanos en Cristo,
Que prevalezca siempre el equilibrio en cualquier situación vivida.
No demuestren lo que no son en el íntimo.
Oren, oren mucho.
La devoción es la sagrada medicina para todas las curaciones humanas, pues despierta en el corazón de quien sufre la grandeza de la fe y de la comodidad en todos los momentos difíciles y en las dificultades sufridas.
El camino de la existencia es diverso.
Ora si está feliz, ora la tristeza toma cuenta del corazón.
¿Para qué, mis hermanos o por qué?
La necesidad suprema de acertar contingencias vividas y causadoras de males pasados.
Solo con la fuerza de la oración y la reforma íntima se consigue sobrepasar, suplantar y renovar la calificación de un nuevo porvenir.
No lastimen.
Transfórmense.
Sean amor, sean generosos con aquellos que impregnan sus caminos
Son compañeros que los ayudarán a crecer, a pesar de las dificultades.

Nada es por acaso.

Hay razones profundas necesarias al actual aprendizaje.

Bendiciones y luces.

Soy vuestra Maestra Nada.

Mantra: Mi corazón se expansiona al encontrar con la fuerza divina, presente en mí."

(Mensaje canalizado en 19/07/2019)

Maestra Nada: Huellas de amor

"Querido hermano,

Cada amanecer es un motivo de alegría.

Vibre con la belleza de la vida.

Respire profundamente, sienta la vida en cada célula de su cuerpo, en cada órgano.

Sea muy agradecido por el regalo de la vida. Vivir es una bendición de comenzar de nuevo y de crecimiento espiritual. Todo está escrito y ocurre de la manera que cada uno necesita, con experiencias para perfeccionarse y lecciones para aprender.

Por lo tanto, agradezca a la vida, por los encuentros que ella le suministra para rescatar y vivirla mejor esta vez. Tal vez no se acuerde de las vivencias anteriores, mejor así.

Siga su corazón e intuición para hacer con que valga la pena y que no sea necesario regresar de nuevo en la misma experiencia de vida.

Busque evolucionar y dejar huellas de amor donde quiera que vaya.

¡Lo amo!

Soy Maestra Nada.

Mantra: Como un rayo de luz alumbro mí alma en el amor de Cristo."

(Mensaje canalizado en 11/04/2019)

Maestra Nada: Sabiduría Crística

"Amados hermanos,

Que la luz de la sabiduría los alumbre siempre.

Que la luz divina los conduzca, ampare cuando las llagas de la vida los alcancen.

Dejen, mis hermanos, que la luz divina de Cristo encienda la llama de la fe, esperanza y del amor en cada uno.

Dejen entrar y curar los disgustos de la vida. Todo tiene un propósito, entiendan, forma parte del aprendizaje y necesitan luchar para que sobrepasen, logren y tengan mérito.

Que Cristo los bendiga y alumbre.

Con todo mi amor.

Soy Maestra Nada.

Mantra: La llama de la luz Crística despierta en mí la sabiduría."

(Mensaje canalizado en 31/05/2019)

Maestra Nada: Florecer en el amor

"Hijo amado,

Eleve sus pensamientos hacia los cielos, buscando la paz interior, surgiendo en este ímpetu el crecimiento de dentro para fuera como una flor que, al florecer, se convierte en indescriptible. En este proceso, ¿Cómo Quiero Ir?, usted estará en busca de la elevación plena de su ser hacia al Padre Dios. Es un ejercicio de amor, entrega, consolidación de los lazos entre Padre Dios e hijos. Conéctese en este canal abierto y evolutivo.

Con el corazón lleno de amor.

Soy Maestra Nada.

Mantra: ¡Florece en mí la llama del amor!"

(Mensaje canalizado en 07/08/2019)

7º Rayo de la Luz Violeta

Maestro Ascencionado Chohan/Director: Saint Germain
Arcángel Ezequiel
Día de la Semana: Sábado
Virtudes: Transmutación y Transformación, Libertad, Apelaciones, Compasión

Maestro Saint Germain: la transformación

"No mires para las situaciones en conflicto, pero vuelve vuestra mirada para las magnitudes de la vida, para la luz que irradia a cada momento.

El potencial que traen dentro de sí es maravilloso.

Pocos consiguen aún acceder al divino interior, que los lleva a los puntos más altos del poder y del extasiarse en la esencia de la Luz.

Obreros del Nuevo Tiempo, no huyan del compromiso asumido de revelar el infinito, buscando fuerza y poder para restaurar la vida y multiplicar seguidores de la luz.

Cada uno que camina alumbrado, ofusca la mirada del otro que está en las tinieblas y lo hace sentir la necesidad de ser conducido por la Luz.

La fuerza los conducirá, estén abiertos para recibirla.

39

En el corazón de cada uno vibra y pulsa el poder del Creador.

Investiguen el corazón, fortalezcan la fe, esfuércense para seguir en la misión de paz y amor.

Soy Maestro Saint Germain y los involucro en la luz de la transmutación, para que liberten el Ser Divino que hay en cada uno.

Mantra: Me liberto de la lujuria y me convierto en el amor."

(Mensaje canalizado en 28/06/2019)

Maestro Saint Germain: Eclipse de vida y luz

"¡Hermanos!

Hoy es un día de altas frecuencias. Un día para estar en oración y en reflexión con su Yo Interior.

Mediten, agradezcan, contemplen el momento. Liberten pensamientos negativos, impuros, tóxicos. Busquen atraer buenos pensamientos que propicien conductas del bien y paz. Llamen por la unión de los pueblos, misericordia de los hombres y por la Misericordia Divina.

Conduzcan sus pasos con la Luz, la Luz del Grande Sol Central que calienta las almas.

Vivan este momento de grandes transformaciones y permítanse conectar con las altas frecuencias de luces. Luces de todos los rayos estarán más intensas en todo el proceso de transición planetaria.

Soy Maestro Saint Germain del Rayo de Luz Violeta.

Mantra: Me transmuto en la frecuencia de la Pura Luz Divina."

(Mensaje canalizado en 02/07/2019)

Mensajes finales
de Sabiduría Divina

Madre María: Esperanza

"Hijos queridos de mi corazón,
Garantizo a vosotros la paz del Creador.

Ámense.

Extiendan la mano y se enlacen en una sola corriente de fe y amor, para que ayuden a transformar la vibración energética de este planeta tan querido por nosotros, en escuela donde todos tienen oportunidad de cumplir las intenciones necesarias para la transformación y edificación del propio despertar.

Hijos queridos,

No teman el mañana.

Celebren el hoy, sean mejores hoy y serán recompensados por sus luchas y determinación de la reforma de sus corazones.

Nace una estrella todos los días.

Es la estrella de la esperanza.

Acójanla en la vibración de sus sentimientos más profundos, para que jamás les falte el coraje para proseguir en el camino edificante de un nuevo mañana.

Jamás se detengan en las dificultades — son pasajeras y la victoria les traerá una inmensa alegría por la conquista.

Reciban todo mi amor que los involucra en el manto azul de bendiciones y paz.

Soy vuestra Madre María.

Mantra: Me involucro en el manto azul de María y me conecto al Padre Dios."

(Mensaje canalizado en 17/07/2019)

Maestro Jesús: Rumbo a la conciencia plena

"¡Amados!

Amo tanto a ustedes.

Ustedes son únicos, son mis hijos muy amados. Escucho a cada uno que me llama y clama por auxilio.

No lloren, no desanimen. A veces, necesitamos del dolor para crecer y evolucionar. No es fácil, pero también no es imposible.

Mi corazón se llena de alegría cuando veo que ganaron y que tuvieron la conciencia plena del aprendizaje vivida.

Oro por todos. Por todos que aún caminan para el despertar de la conciencia.

Oro para que tengan sabiduría, para que el libre albedrio de las direcciones para las decisiones correctas, si no fueran las más indicadas, que despierten para un próximo intento, esta vez, asertivo.

Sean bendecidos y muy alumbrados.

Soy Maestro Jesús.

Mantra: Oro y siento Jesús en mí."

(Mensaje canalizado en 27/06/2019)

Dr. Albert Becker: El despertar

"En busca de la verdad de quién somos, nos perdemos en nuestra inmensidad, miramos para nosotros mismos y nos preguntamos ¿Quién soy?. Junto a eso, queremos nuestro despertar, una plena conciencia de nuestras acciones y los motivos para nuestra existencia.

Nuestros pasos reflejan la vida que llevamos y a cada momento estamos transformándonos en algo nuevo y distinto de lo que éramos. El perdón, la humildad, el amor y la gratitud forman parte de esa larga caminata que no necesita ser dolorosa.

Es importante que nos perdonemos, la vida sin perdón se convierte ardua con el paso de los años. La humildad es la virtud que demuestra la capacidad de los seres humanos de perdonar sin barreras y reconocer todos los errores cometidos. El amor eleva nuestra alma y cura nuestras heridas, todo se cura con él. La gratitud es lo que permite la realización de la caminata en busca de la conciencia plena, agradecer por lo que ganamos nos liberta.

Ese viaje nos convierte en seres libres y dueños de nuestras elecciones, contribuyendo para nuestra evolución espiritual y conexión con Dios, armonizándonos con el mundo, es decir, pasamos a ser un punto de equilibrio entre hombre, naturaleza y animal.

Durante el recorrido, es necesaria paciencia con usted y con los otros y, a cada momento de desánimo, es necesario recordarse del propósito y de las razones de la caminata.

Soy Dr. Albert Becker – Médico Fisiatra del Equipo Médico del Grande Corazón de Astheriã.

Mantra: Me inspiro en la pura esencia de Dios para mi despertar."

(Mensaje canalizado en 17/08/2019)

Dra. Aylla: La busca

"Amados hermanos,
Observen con claridad sus pensamientos y actitudes durante su caminata.

Con todo cariño y amor incondicional, libérense de las heridas que están abiertas en el alma, pidan a Dios y a la Virgen María auxilio y fuerza para curarlos.

Como todo invierno frío y ceniciento, pronto viene la primavera con el color de las flores y el calor del sol.

Las fuertes lluvias sirven para mojar la tierra, las plantas, nutrir las raíces. El sol viene después para abrir los pétalos de las flores, y todo reanuda en la naturaleza. La vida es así.

Hermanos, renazcan como las flores, florezcan tras las tempestades, críen fuerzas y esparzan por el mundo el perfume del amor.

Así, desnudos de los dolores, un camino se construye, con gracia y levedad.

Ejerciten el amor todos los días, abrace unos a los otros, extiendan la mano a quien necesita.

Esos ejercicios diarios harán con que vean con claridad y conciencia el camino de ustedes, dentro del corazón estarán seguros de que están haciendo lo cierto.

Soy Dra. Aylla - Médica Pediatra del Equipo Médico del Grande Corazón de Astheriã.

Mantra: Como una flor me abro al mundo. Como el polen esparzo mi perfume de amor."

(Mensaje canalizado en 16/08/2019)

Dr. Raúl: Camino de Luz

"Mis hijos,

Alabado sea Cristo, patrón de la Tierra.

Elegir el camino no es fácil, pero todos consiguen, es suficiente que tenga fe en sí mismo, todos son capaces, mucho más que imaginan.

La vida es bella y se debe vivir. Caminen, amén, perdonen, sobrepasen obstáculos y miedos. Confíen en sí mismos.

Vivan en paz con el Yo interior. Amen a sí mismos. Crean.

No hay camino sin fe. Crean que son capaces de cambiar y evolucionar. Conozcan a si propios.

Experimenten. Sepan quién son, descubran nuevos gustos, vivan nuevas experiencias y renueven la fe todos los días.

Noten la luz que brilla dentro de sí. Platiquen el amor.

Felices son los que se conocen y se aman.

Su Yo Interior indicará el camino de la fe, amor, auto conocimiento y de la curación.

Nunca dejen de amar, perdonar y creer. ¡Crean y serán capaces!

El divino está dentro de cada uno, es suficiente encontrarlo.

Alúmbrense.

Despierten su Yo interior para esta jornada de fe y descubrimientos.

Sean plenos y consientes.

Inspírese en la Luz Divina para caminar con fe.

¡Queden en la luz, en el bien!

Soy Dr. Raúl - Médico Alergólogo del Equipo Médico del Grande Corazón y Astheriã.

Mantra: Me curo, me amo, me perdono, me conduzco y evoluciono."

(Mensaje canalizado en 15/08/2019)

Dra. Leona: El hallazgo del Amor Incondicional

"Mientras los seres encarnados y en permanente aprendizaje, nuestro mayor obstáculo es librarnos de nuestros errores y vicios. Por más difícil que una situación parezca, cuando pedimos con fe recibimos las respuestas para nuestras oraciones. Podemos no entender que el momento que estamos viviendo es lo mejor que nos puede ocurrir y ese entendimiento viene con el tiempo y también con el despertar de la conciencia.

Muchas veces, por más difícil que algo parezca, esta es exactamente la respuesta para nuestras oraciones. Dios mira por todos y no se olvida de nadie.

En nuestra caminata, hay siempre espacio para el crecimiento personal y espiritual. Debemos tener paciencia con el otro, tener más compasión, pues cada persona tiene su tiempo de entendimiento y de despertar. No hay como forzar a alguien a evolucionar espiritualmente, esa caminata es individual. No debemos cobrar del otro, pero, mientras eso, podemos trabajar y permitir el amor incondicional con nuestros hermanos.

El cambio de costumbre no es fácil, viene de dentro. Requiere renuncia de vicios, aceptación de que no somos perfectos y la práctica del amor de Dios. Ella puede ser hecha poco a poco, reconociendo nuestras fallas y cambiando nuestras actitudes. Reconocer nuestros errores, también forma parte del aprendizaje.

El abrir de la conciencia requiere trabajo y cuando tenga duda de algo acuérdese de que nuestro corazón y nuestra intuición sabrán siempre las respuestas para nuestras preguntas. Nuestro corazón siente cuando estamos en el camino correcto. No hay nadie que no pueda mejorar, no hay ninguna causa que no se pueda desbordar con el amor divino. Todos tienen oportunidad para el crecimiento individual como persona y trabajadores de la luz. Cuando tenga duda, acuérdese: el amor incondicional es la respuesta.

Soy Dra. Leona – Médica Infectóloga del Equipo Médico del Grande Corazón de Astheriãn.

Mantra: Creo y me fortalezco en el Amor Incondicional."

(Mensaje canalizado en 20/08/2019)

Mensajes finales de la Espiritualidad de Luz

Dra. Adhele: Fe y realización

"Amigos,

¡Vivan con fe!

Abran sus corazones para el movimiento dinámico del amor, para la luz que purifica, para la fe que completa y sostiene.

La fe pone en movimiento las fuerzas divinas, permite que la caminata sea más ligera y que las bendiciones del cielo alcancen nuestro corazón.

Amados, sientan la brisa que calma y apacigua y trae la certidumbre del camino.

Oren con el corazón, agradezcan y pidan con la certidumbre de que obtendrán lo que es justo y cierto.

¡La misericordia divina nunca nos abandona. Vibren en la plenitud, sientan todas las células llenándose con la gracia de Dios!

La fe dirige los pasos, amplía los brazos, desvela los mundos y permite que la caminata sea hecha de manera ligera y alegre.

Soy Dra. Adhele - Médica Hebiatra (médico especialista en adolescentes) del Equipo Médico del Grande Corazón de Astheriã.

Mantra: ¡La fe me realiza en el mundo!"

(Mensaje canalizado en 06/08/2019)

Dra. Alice: Perdonar y amar

"Hoy, mis hermanos, pedimos perdón a todos que nos hicieron mal y nos perdonamos también. En este momento, estamos unidos en un corazón solo, unidos en el amor incondicional constante en las enseñanzas del Maestro Jesús Cristo.

Llegamos a la etapa final de esta obra de amor al prójimo. En este momento, ya reflejamos acerca de quién somos, qué estamos haciendo en este planeta, para dónde queremos ir y cómo queremos ir. El secreto es sencillo: ¡ame! Transmute amor siempre.

Esperamos que su caminar sea amoroso, basado siempre en el amor incondicional, perdonando a si y a los otros. Perdone, perdone y perdone de nuevo, no sienta vergüenza y no se deje engañar por el orgullo y por la vanidad. Solo así usted regresará a casa, donde es su verdadero hogar y su morada espiritual, con la certidumbre de misión cumplida.

En este momento de transición por lo cual la Tierra pasa, todos los esfuerzos de la Espiritualidad de Luz están dirigidos a ayudar el fortalecimiento de la fe, del amor y trabajar el perdón. Póngase en el lugar de su hermano, tenga la conciencia de que ni siquiera todos poseen el conocimiento y entendimiento que usted posee, usted también se equivocó en muchas existencias, todos nosotros pasamos por estas etapas tan necesarias a la caminata de aprendizaje y evolución.

Agradezca a Dios la oportunidad de trabajo y de aprendizaje a cada nuevo día. Todo amanecer es una nueva oportunidad de acertar. Mientras esté aquí en la Tierra es tiempo de reanudar.

Deseamos que su despertar sea pleno, involucrado en el amor incondicional, en la fe cargada de gracia y de levedad. ¡Sea luz!

Soy Dra. Alice – Médica Endocrinóloga Geriátrica del Equipo Médico del Grande Corazón de Astheriã.

Mantra: ¡El perdón embellece mi alma!"

(Mensaje canalizado en 15/08/2019)

Dr. Felício: Somos todos hermanos

"¡Hermano amado!

Es una gran alegría poder formar parte de su historia de conocimiento y de hallazgos respecto a quién usted es en este inmenso Universo de amor.

Comprender a sí mismo es buscar sentido para su existencia en el planeta Tierra, es necesario comprender la vida de todo que hay a su alrededor. Antes de mirar para este bello ser de luz que usted es hoy, mire para todo tipo de vida existente en el Planeta.

Los virus, bacterias y todo tipo de microorganismos ejercen también su papel de amor en el proceso de evolución de la vida. El mal que ellos causan a la salud de todos los seres es resultado de las acciones despiadadas e irresponsables de los humanos. La falta de cariño, respeto e integración generan desequilibrio que causan daños nocivos a la vida. Usted forma parte del proceso evolutivo desde minerales, vegetales, animales hasta la especie humana.

Todos los seres, tanto los animales que se convirtieron domésticos, los exóticos, salvajes y los invisibles, cuanto los minerales, el agua de los ríos, mares, océanos, cascadas, plantas, en fin, todo que hay en el Universo forma parte del Todo, como usted también. Todos son hijos amados de Dios. Son luz del amor Divino y cada uno cumple su misión en la evolución de la vida. Los animales venenosos, las bacterias, virus, las plantas tóxicas y tantos otros seres ofrecen sustancias que se convierten en antídotos para aliviar y curar sus dolores y males. ¿Ya pensó en agradecerles por dar a usted el milagro de vivir con salud? Todos los animales experimentan y vivencian los mismos sentimientos que usted. Tenga compasión y respete su dolor, miedos y tristezas. Todos los seres tienen derecho a la vida. Venere y ame incondicionalmente a todos los seres que viven en el Planeta y les sea grato por su existencia.

Somos hijos del mismo Creador, Dios.

¡Somos todos hermanos!

Sea un ángel guardián del Planeta.

¡Confío y agradezco por comprender que somos todos hermanos!

Soy Dr. Felício - Líder Cristal y Médico Veterinario Acupuntor del Equipo Médico del Grande Corazón de Astheriã.

Mantra: Comulgo del mismo amor de todos los seres hijos de Dios."

(Mensaje canalizado en 07/07/2019)

Dr. Helmuth: El Despertar de la Conciencia Plena

"Despertamos la conciencia de los voluntarios del Grupo Anjos de Luz para que descubrieran Quién Soy.

A partir de este momento, empezó la caminata de cada caminante, En busca de sí mismo, para que hagan el Camino de la Luz y comprendan Lo que estoy haciendo aquí? Y descubran Para adónde quiero ir?.

En esta caminata de descubiertas y aprendizajes, apoyamos y protegemos cada caminante. Acogemos con amor sus dolores, miedos, frustraciones y sus sueños. Incentivamos, fortalecemos la esperanza y confianza en sí mismos. Para incentivar y alegrar el caminar de esos ángeles de luz, adornamos y encantamos el camino personal, sembrando flores de colores y perfumadas, con la más pura energía del amor, para que descubrieran el sentido y la esencia de la fantástica caminata espiritual: ¿Cómo quiero ir?

Cada uno, en su tiempo, hizo su camino único y solitario, dando un paso de cada vez. Algunos tropiezos, contratiempos y, en ciertos momentos, desaliento, pero avanzando siempre inspirados por la fe, fuerza y poder personal que hay dentro de cada uno. Fue un largo camino de mucho estudio, trabajo, renuncia y aprendizaje que no está listo pero que está siendo construido todos los días en el encuentro de sí mismo, en los trabajos voluntarios de las campañas que ocurren durante el año, en escucha fraterna y solidaria durante las atenciones de cirugías y tratamientos espiritual presencial y a distancia.

Han aprendido que el Camino del Amor Incondicional es construido con dedicación, paciencia, fe, coraje, compasión y misericordia y que a través de la práctica diaria de auxilio al prójimo con desprendimiento y suavidad serán capaces de seguir con gracia y levedad los caminos personal y espiritual con plena conciencia de que la vida tiene sentido y se convierte bella cuando ponemos en práctica y seguimos las enseñanzas de nuestro Maestro Jesús: Amativos unos a los otro como vos amé.

Soy Dr. Helmuth - Médico, Investigador, Botánico, Dirigente de Astheriã, del Equipo Médico del Grande Corazón y del Grupo Anjos de Luz..

Mantra: Soy un ser amoroso en sintonía con el Universo."

(Mensaje canalizado en 09/04/2019)

Oración y mantra

Mantra del Perdón, Amor y Gratitud del Grupo Anjos de Luz

Hoy me perdono.

Y en ese momento perdono a todos.

Pido perdón.

Siento mucho.

Me amo.

Amo a todos.

Estoy agradecido.

¡Estoy libre!

¡Todos están libres!

Es así.

Será así.

¡Está hecho!

Amén, amén, amén y amén.

(Síntesis del Ho'oponopono elaborada por el Grupo Anjos de Luz)

Ho'oponopono es un proceso que ocurre cuando nos deshacemos de las energías tóxicas que hay dentro de nosotros, para posibilitar el impacto de palabras, realizaciones, acciones y de pensamientos Divinos. (VITALE, Loe; LEN, Ihaleaka Hew. Limite Zero: o sistema havaiano secreto para prosperidade, saúde, paz e mais ainda. Rio de Janeiro: Rocco, 2009.)

Arcángel Miguel delante de mí,

Arcángel Miguel en mis espaldas,

Arcángel Miguel a mi derecha,

Arcángel Miguel a mi izquierda,

Arcángel Miguel arriba de mi cabeza,

Arcángel Miguel dentro de mi corazón,

Arcángel Miguel bajo mis pies.

Que me pueda conducir en todos los buenos caminos

Y donde quiera que vaya,

Que la Luz Azul de su espada,

Me bendiga, proteja, guarde, ampare,

Líbrame de todos los males,

Hoy, mañana y todos los días de mi vida.

¡Amén, amén, amén y amén!

(Fuente: www.grupoanjosdeluz.org.br)

Oración de San Francisco de Asís

Señor, hazme un instrumento de Vuestra paz.

Donde haya odio, que lleve el amor.

Donde haya ofensa, que lleve el perdón

Donde haya discordia, que lleve la unión.

Donde haya dudas, que lleve la fe.

Donde haya error, que lleve la verdad.

Donde haya desesperación, que lleve la esperanza.

Donde haya tristeza, que lleve la alegría.

Donde haya tinieblas, que lleve la luz.

Oh Maestro, hazme que busque más:

consolar, que ser consolado;

comprender, que ser comprendido;

amar, que ser amado.

Pues es dando que se recibe.

Es perdonando que si es perdonado

Y es muriendo que se vive para la vida eterna.

(Fuente: www.grupoanjosdeluz.org.br)

Padre Nuestro en Arameo

Padre-Madre, respiración de la vida,

¡Fuente del sonido, Acción sin palabras, Creador del Cosmos!

Haga su luz brillar dentro de nosotros, entre nosotros, y fuera de nosotros para que podamos convertirla útil.

Ayúdanos a seguir nuestro camino, respirando solo el sentimiento que emana del Señor…

Nuestro YO, en el mismo paso, pueda estar con el suyo, para que caminemos como Rey y Reina con todas la criaturas.

Que Su deseo y el nuestro, sean solo uno, en toda la Luz, así como en todas las formas, en toda existencia individual, así como en todas las comunidades...

Haznos sentir el alma de la tierra dentro de nosotros, así, sentiremos la Sabiduría que hay en todo. No permita que la superficialidad y la apariencia de las cosas del mundo nos engañen, y nos libre de todo aquello que impide nuestro crecimiento…

No deje que seamos tomados por el olvido de que el Señor es el Poder y la Gloria del mundo, la Canción que se renueva de tiempos en tiempos y que a todo embellezca.

Que su amor pueda ser el suelo donde nuestras acciones crecen.

¡Que así sea!

(Fuente: www.grupoanjosdeluz.org.br)

Oración Metta

Que todos los seres puedan ser felices, contentos y realizados;

Que todos los seres puedan sentirse saludables y perfectos;

Que todos puedan tener aquello que quieren y de que necesitan;

Que todos sean protegidos contra el mal y libres del miedo;

Que todos los seres tengan paz interior y bienestar;

Que todos estén despiertos. Liberados, y no tengan limitaciones;

Que nadie engañe al otro, ni tampoco desprecie cualquier ser, en cualquier situación;

Que nadie, por rabia o mala voluntad, desee el mal del otro;

Que haya paz en este mundo y en todo el universo;

Que todos estén libres del sufrimiento y de las causas del sufrimiento;

Que todos encuentren la felicidad y las causas de la felicidad.

(Fuente: del libro "Despertar do Buda Interior" de Lama Surya)

La Gran Invocación

Del punto de luz en la mente de Dios,

que fluya Luz a la mente de los hombres,

y que la Luz baje a la Tierra.

Del punto de Amor en el corazón de Dios
que fluya amor al corazón de los hombres,
que Cristo regrese a la Tierra.

Desde el centro donde la voluntad de Dios es conocida,
que el propósito conduzca las pequeñas voluntades de los hombres,
propósito que los maestros conocen y sirven.

Desde el centro a que llamamos la raza de los hombres
que se lleve a cabo el plan de Amor y de Luz.
y cierre la puerta donde el mal se encuentra.

Que la Luz, o el Amor y el Poder
restablezcan el Plan Divino sobre la Tierra hoy
y por toda la eternidad. Amén.

(Fuente: www.pax.org.br)

Mensaje final

Maestro Jheriel: Caminando con plenitud.

"¡Amado hijo del Universo!

El camino fue trillado. Un paso delante del otro, usted construyó su historia de amor con la vida.

Vivir es sencillo, pero enfrentar y vencer los obstáculos durante la existencia exige coraje, fe y determinación. Vencer el miedo de despegarse de lo que no le sirve más es sufrido y doloroso.

No necesita más sentir miedo y sufrir. Usted está listo. Lleve en su equipaje existencial solo lo que alumbra su espíritu, alimenta su alma y acaricia su corazón.

Su existencia es hecha de amor, luz, sabiduría, coraje y de gratitud. Siéntase puro y libre del pasado. Camine con levedad.

Usted es luz. Usted es esencia del Creador. Usted es el Puro Amor Incondicional. Confíe, crea y acepte.

Soy Maestro Jheriel, de la Colonia del Valle Dorado..

Mantra: Soy un ser pleno y consciente de mi propósito de alma."

(Mensaje canalizado en 17/07/2019)

"Caro(a) amigo(a),

Deseamos que al despertarse, descubrirse y comprender ¿Cómo quiero ir? usted esté con la conciencia plena de que el camino del corazón le permitirá vivir con alegría, gracia y levedad el Amor Incondicional.

Equipo Médico del Grande Corazón de Astheriã.
Orad y vigiad siempre.
Luz, paz y bien.

(Mensaje canalizado en 08/04/2019)

¡Gratitud!

Más informaciones en el sitio www.grupoanjosdeluz.org.br

www.ingramcontent.com/pod-product-compliance
Lightning Source LLC
LaVergne TN
LVHW051455180726
843512LV00001B/41